PROJET

DE

CAISSE DE RETRAITE

POUR LES TRAVAILLEURS

DES DEUX SEXES

DES VILLES ET DES CAMPAGNES.

RÉFORME SOCIALE.

PROJET DE CAISSE DE RETRAITE

POUR

LES TRAVAILLEURS

DES DEUX SEXES

DES VILLES ET DES CAMPAGNES.

Par une concession du Capital au Travail,

SOUS L'AUTORITÉ ET LA GARANTIE DE L'ÉTAT,

Par Ch. PLACE,

Ex - Commissaire du Gouvernement Républicain pour le département de l'Oise,
précédemment attaché au Commissariat de Seine-et-Oise.

> « Il peut bien y avoir des *riches*, mais il
> » ne doit pas y avoir des *pauvres*. Ces deux
> » mots ne sont pas éternellement et fatale-
> » ment accouplés. »

PARIS

AU DÉPOT DE LA SOCIÉTÉ DE L'UNION DES SCIENCES,

DES LETTRES ET DES ARTS,

Passage Jouffroy, 6,

ET CHEZ TOUS LES LIBRAIRES DE PARIS ET DES DÉPARTEMENS
DE L'OISE ET DE SEINE-ET-OISE.

1849.

PRÉFACE.

> « Il y aura bien toujours des riches,
> » mais il ne doit plus y avoir des pau-
> » vres : ces deux mots ne sont pas fa-
> » talement et éternellement accouplés. »

Attaché pendant quinze années en qualité de médecin à une importante association d'assistance privée pour les travailleurs d'une industrie tout à la fois de première nécessité et de luxe (1), j'avais songé déjà au projet que je présente. J'avais été frappé du besoin d'assurer, en quelque sorte, à l'insu du travailleur, une réserve pour ses vieux jours. Dans cette longue pratique, j'ai rencontré, je l'avoue, quelques hommes prévoyans, économes, sûrs d'eux-mê-

(1) La Société philanthropique des marchands tailleurs de Paris, qui, la première, par la fraternité de ses secours, avait ouvert la voie à toutes les améliorations possibles. Déjà, en 1834, M. Schwartz et quelques-uns de ses confrères avaient entrepris une tontine dont le fonds, créé par un versement bénévole de 1 fr. par grande pièce et de 50 c. par petite pièce, pouvait assurer en peu d'années aux ouvriers classés par catégories une retraite dont le montant était très élevé. Cette sage institution, mal appréciée par les intéressés, ne put recevoir le développement espéré par ses fondateurs, quoiqu'elle fût, pour le temps et dans les circonstances, une œuvre de progrès.

mes, et qui sont parvenus à réaliser un certain avoir. Mais la masse des travailleurs m'a toujours paru forcément étrangère à cette abnégation de tout bien-être et de tout plaisir. J'ai vu trop souvent des hommes courageux, actifs, luttant contre la division forcée de leur mince salaire entre une famille nombreuse et par conséquent nécessiteuse. Je me suis demandé si l'abandon dans lequel l'ouvrier se trouvait placé pouvait être attribué à ses fautes ou à ses vices, à son imprévoyance ou enfin à la force des faits, la plus impérieuse et la plus accablante des calamités. J'ai recherché aussi ce que la société faisait pour ces frères jetés sans patrimoine sur le champ du travail, liés dans leur œuvre continue et aride par un réseau d'obstacles et d'entraves. J'ai vu que tout était organisé pour assurer à ceux qui possèdent la juste et paisible possession d'un bien que je suppose légitimement acquis; mais j'ai vu peu d'institutions organisées pour aplanir le rude chemin que le prolétaire parcourt et au bout duquel il tombe épuisé sur une couche de ronces et d'épines. On organise tout pour punir et rien pour récompenser; on entretient une police contre les voleurs, parce qu'on sait qu'il y aura toujours des *voleurs*;

pourquoi n'organiserait-on rien pour les *imprévoyans*? puisqu'il y aura toujours des hommes très laborieux étrangers à la prévoyance. Croit-on que si l'employé de l'Etat ou le militaire était forcé d'opérer lui-même la retenue qui lui assure un sort, il ne serait pas sollicité par mille besoins à dépenser cette faible somme qui amène un résultat si utile.

Qu'on ne s'y trompe pas, je n'ai pas envie d'encourager la paresse, et si je crois que le travail est un droit, puisqu'il est la condition de la vie, je crois fermement qu'il est aussi un devoir. La prévoyance sociale n'est méritée qu'à la condition qu'elle sera la compagne d'un travail soutenu, productif et attrayant. La société a donc, pour moi, mieux à faire qu'à se défendre perpétuellement l'escopette au poing; elle doit tendre sa main aux faibles, prêter sa puissance aux forts et unir dans un faisceau commun les travailleurs qui lui donnent la fécondité et la gloire.

N'est-ce pas non plus une nécessité de la morale publique que de s'occuper des travailleurs des deux sexes? La femme est livrée à une exploitation honteuse! Il semble qu'on reconnaît qu'elle a dans sa faiblesse et dans le prix de son honneur une ressource qui autorise l'infériorité de son salaire. La prostitution la guette à la face d'une société aveugle qui la condamne lorsqu'elle tombe, alors que cette société même l'a livrée désarmée aux bourreaux de sa pudeur.

On peut dire qu'il y a des femmes qui ne sont pas assez riches pour être honnêtes! Tout est à refaire pour elles dans l'œuvre industrielle; tous les cœurs généreux le veulent, et notre société ne s'élèvera qu'en élevant la femme à la hauteur de toutes les vertus qu'elle a mission de faire aimer à l'homme dans la vie privée et publique.

La société n'a pas à s'occuper seulement du travailleur des villes, quoiqu'au premier aspect il paraisse le plus malheureux. L'ouvrier des campagnes mérite toute sa sollicitude ; c'est de lui que vient véritablement la richesse du pays par la culture de la terre, cette source féconde à laquelle l'humanité puise tous ses biens. Assurément, on voit moins de pauvres à la campagne ; mais parce que le laboureur, plus rude à la vie de chaque jour, plus sobre et plus actif, supporte mieux le manque absolu de bien-être, est-ce à dire qu'il ne doit pas s'asseoir comme les autres à ce banquet de la régénération sociale? Oui, on est plus charitable aux champs! par cela même qu'on se connaît mieux et qu'une misère profonde émeut plus directement les frères qui en sont spectateurs. Mais enfin, c'est toujours l'aumône qui se fait, et c'est maintenant la prévoyance qui doit s'organiser pour réparer les vicissitudes des climats et du travail improductif.

C'est quand la vie matérielle ne manque pas, quand ce pain quotidien de la prière chrétienne vient à la famille, que l'intelligence se développe et s'émancipe des liens de la misère. C'est alors que la main active du travailleur parcourt le métier avec plaisir et double les produits de l'industrie. Le but le plus noble de la société moderne est donc de donner un travail suffisant à chacun de ses membres, et de lui rendre toute sa puissance d'activité en assurant le sort des vieux parens qui lui sont chers, et l'industrie de ses fils, espérances de l'avenir. L'homme sage n'ambitionne pas la richesse ; il cesse d'envier les superfluités du luxe ; ses plaisirs, il les trouve dans la perfection de son travail ; et si, par une grâce suprême de celui qui dirige l'intelligence humaine dans un but certain de progrès, il voit s'entasser sur son œuvre la richesse et le superflu, il les regarde comme une nouvelle mission qu'il reçoit de la divinité. Assurément il y aura toujours des riches, mais ils ne seront que dépo-

sitaires d'une force qui, de leurs mains intelli-
gentes et généreuses, doit porter la vitalité à
l'humanité tout entière. Quant aux pauvres, il ne
doit plus y en avoir ; car on cesse d'être pauvre
lorsque le pain de chaque jour est assuré et qu'il
reste à l'esprit l'émulation qui double les forces
et la paix du foyer qui les soutient.

Je ne sais pas l'accueil qui sera fait à ce mo-
deste projet ; je crois cependant que les intéressés y reconnaîtront le désir ardent qui m'anime
de concilier les forces vives de la société humaine
par une transition modérée, mais positive. C'est
une première concession fraternelle du capital,
jusqu'ici égoïste et impérieux, à la production
pénible et stérile du travailleur.

Examiné avec impartialité, on y reconnaîtra
sans doute une vérité; quelques égoïsmes forcés
s'ouvriront à des idées plus généreuses, et le
sentiment de fraternité y gagnera pour le présent et pour l'avenir. En tous cas, j'aurai certainement pour moi d'avoir concouru, pour ma
faible part, au développement d'une loi impérieuse, la *prévoyance sociale*, pour laquelle
tous les partis réclament des institutions posi-
tives et vraies.

PROJET DE CAISSE DE RETRAITE

POUR LES

TRAVAILLEURS DES DEUX SEXES.

———◦●◦———

§ I.

Chaque crise révolutionnaire, en interrompant pour un instant la marche lente et régulière du progrès, enfante des systèmes opposés qui, dans leur première exagération, dépassent la vérité. Dans ce bouillonnement des sociétés, les cris de la misère, étouffée par l'égoïsme ou par l'indifférence satisfaite, mettent au jour des douleurs profondes et des besoins méconnus. Ces derniers, irrités d'une longue compression, deviennent impérieux. Alors, la résistance s'organise d'une part, et l'impossible se formule de l'autre. Cependant, au milieu des exagérations systématique d'hommes absolus mais courageux, une idée profonde surgit, pénètre les esprits, et bientôt dépouillée des haines élevées à sa naissance, elle se produit, s'établit, et concourt au bonheur de l'humanité.

En présence de ces aspirations chaleureuses vers un avenir fortuné qui sans cesse s'éloigne et fuit, il faut que la froide raison intervienne, pèse et juge ; il faut donc, par une transition moyenne mais progressive, savoir accepter franchement le bien et la vérité, sans peur, comme sans enthousiasme.

Au siècle dernier, la bourgeoisie, c'est-à-dire l'intelligence active, productrice, savante, renversa par une révolution les priviléges de la noblesse et du clergé ; c'était le travail intelligent, représenté par le capital légitimement acquis substitué à la force brutale et privilégiée.

Le capital, qui ne doit être autre chose que le produit économisé de l'œuvre individuelle, parvint en quelques années à un féodalisme aveugle ; il comptait l'air, la chaleur, le temps, l'espace ; il réglait la destinée des États, comprimait d'une main l'artère sociale, et recueillait de l'autre, pour la paralyser, la dernière expression de la vie générale.

Par la révolution de Février, le prolétariat, dépossédé, se relève, demande part au droit et à la répartition. Il veut, non pas le renversement du capital, mais il veut que capital, travail, intelligence s'associent, que le passé ou l'économie, le présent ou la force, l'avenir ou l'intelligence marchent de pair. Le prolétariat affranchira la société moderne des derniers priviléges qui ont miné ses bases, et un instant fait douter des imprescriptibles lois sur lesquelles elle doit à jamais se consolider, à savoir : Travail, Possession et Famille.

Ce qui manque surtout à l'immense classe des travailleurs, qui ne possède que les forces physiques et intellectuelles, c'est un avenir. Le présent, elle en vit tant bien que mal, mais elle marche découragée, parce qu'elle ne sait pas où elle va.

Un de nos plus impérieux besoins est d'assurer, par une institution positive et *forcée* même, l'avenir du travailleur des villes et des campagnes.

Mon but est donc d'opposer une question de paix à une question de guerre.

Je veux intéresser le travailleur à son œuvre, en l'associant au capitaliste industriel par l'émulation, par la proportionnalité, par la prévoyance, et enfin par la possession.

Chacun de ces mots sert de thème aux théories qui se produisent depuis longtemps. Ils sont sympathiques à l'universalité des citoyens. Ils répondent à ces forces, que Dieu a réparties aux hommes, dans des proportions inégales sans doute, mais que la liberté doit tendre à mettre en harmonie. Elles constituent en vérité ce droit absolu et positif, que notre temps seul a établi, le droit au travail ou à la vie.

L'*émulation*, c'est-à-dire l'ardeur et l'attraction au travail, qui mène au bien ou au mieux de l'œuvre, sans rivalité, mais par la satisfaction du devoir et de la perfection accomplie.

La *proportionnalité*, qui est la rémunération de la quantité et de la durée du travail, aussi respectable que la quantité et l'importance du numéraire.

La *prévoyance*, qui est l'économie réalisée d'heure en heure, en vue de la vieillesse et de la famille.

La *possession*, qui est dans l'avenir l'usufruit et la transmission, à un degré limité, de l'œuvre économisée.

Je pense que ces vues nouvelles doivent se réaliser sous la direction de l'État. Car le suffrage universel accordant au gouvernement un mandat de confiance et d'une autorité incontestable, il est, par la puissance de son organisation, en mesure de garantir, de diriger et de surveiller la perception, l'usage et la répartition de l'économie industrielle.

Ceux qui, comme moi, pendant de longues annés, ont vu de près les ouvriers des grandes villes et même ceux des campagnes, sont convaincus de l'état précaire de cette foule innombrable qui vient, par la conquête de ses droits politiques, de fondre son titre de *prolétariat* dans le titre absolu et collectif de PEUPLE.

Le travailleur n'a qu'un temps véritablement productif, c'est celui de la jeunesse et des premières années de l'âge mûr.

Il a charge d'enfant.

Il a charge de vieillard.

Il a le chômage.

Il a la concurrence.

Il a la maladie.

A part quelques rares exceptions, dues à l'isolement et à certains caractères voués à une abnégation incessante, il y a pour lui, dans les cas précités, impossibilité d'économiser.

La constitution de la famille est bien le but qu'on doit se proposer; car l'ouvrier célibataire jeune, ardent, aimant le plaisir, n'économise pas, et cependant s'il se marie, cette économie qu'il aurait pu faire devient même insuffisante, lorsqu'il a femme et enfans, si ceux-ci n'ajoutent pas par un travail salarié au pécule de la famille. Dans les campagnes, le nombre des enfans est considéré comme une fortune, il est regardé comme une source de misère dans les villes. C'est que dans les campagnes, l'enfant peut travailler productivement aux champs sans nuire à son développement, et que dans les villes, il s'étiole sous l'abrutissant esclavage d'un travail sédentaire et continu. Une loi nouvelle supprime ce travail dans les manufactures; mais en rendant les enfans à leur famille, elle ne leur rend pas les quelques sous qu'ils rapportaient. Cette lacune cruelle doit donc être comblée par une institution qui concilie l'éducation intellectuelle, morale et professionnelle des enfans à la charge de l'Etat.

Il n'est pas rare de trouver un ouvrier, ayant femme et enfans, ayant encore à sa charge les grands parens paternels et maternels. Cette charge du vieillard, non-seulement improductive, mais onéreuse à tant de titres, absorbe encore les faibles économies qu'un salaire même élevé peut assurer ; et dans le cas où, en pleine prospérité d'affaires, le travailleur aurait pu économiser pour son avenir, il se voit pauvre, et il se voit contraint souvent, dans toute sa force et à sa grande peine, d'avoir recours à l'humiliante aumône des bureaux de charité, ou plutôt, suivant cette nouvelle et insignifiante expression, d'assistance publique (1). J'avoue que je ne puis rencontrer dans la rue un vieillard sollicitant la commisération publique sans éprouver une émotion profonde. N'est-ce pas, en effet, une bien triste condition qu'un état de choses qui veut qu'à l'âge extrême de la vie, la mort soit même un refuge et une bonne fortune, et que Maltus ait forcément raison !

Qui ne sait que le chômage si fréquent, particulièrement dans les industries de luxe, puisque le capital craintif s'enfuit au moindre danger, n'absorbe la plus grande partie du temps, les forces du travailleur en lui imposant une paralysie qui le tue et qui abaisse encore la moyenne de son salaire à un taux vraiment insuffisant.

La concurrence, qui n'est autre chose qu'une

---

(1) Quand donc notre parlement cessera-t-il de se contenter de mots creux et faux ?

guerre impie des intermédiaires au détriment des producteurs, réduit encore son salaire. Enfin, la maladie, en détruisant ses forces, peut anéantir en quelques jours les ressources d'une nombreuse famille, et remplacer la gêne par une misère intolérable. A tant de sources de détresse il faut un remède. Faut-il le chercher dans un bouleversement radical des institutions qui régissent la société moderne, ou n'est-il pas plutôt assurément efficace dans toute proposition conciliatrice qui, prenant ses racines dans le passé, porte ses fleurs dans le présent et ses fruits dans l'avenir.

L'éducation de la jeunesse, cette mission de l'Etat, dégrèvera la famille du travailleur en créant pour ses enfans un meilleur avenir, en les plaçant, avec l'instruction suffisante, dans la profession qui répond à leur aptitude ; enfin, par des apprentissages rétribués en pourvoyant à la nourriture et aux vêtemens des enfans (1).

Quant aux soins pieux donnés à la vieillesse

(1) Je crois qu'il peut être créé, par l'association de plusieurs communes, des collèges d'industrie agricole, et, par les villes, des écoles industrielles dans lesquelles le travail des enfans serait utilisé sans porter aucun préjudice à leur santé. Le produit concourt à leur entretien, nourri-

des parens, le projet que je soumets dégrèvera encore le travailleur d'une tâche noble, mais onéreuse, puisque le vieillard, apportant dans la *famille associée* la part économisée par lui et représentée par une pension de retraite, commanditera au bénéfice commun le développement de la famille, et ajoutera à une prospérité dans laquelle sa part sera doublée.

§ II.

J'ai cherché précédemment à démontrer la nécessité de créer un avenir au travailleur. Je vais exposer la formule simple de cette fondation. Je voudrais que l'industrie particulière, ou plutôt le capital, agent de production, fît pour les producteurs ce que l'État fait pour ses employés, et que, par une combinaison simple, on donnât satisfaction, d'une part, au besoin actuel d'association, et, de l'autre, à celui de participation aux résultats, non pour le présent, mais pour l'avenir des individus.

ture et frais d'éducation. Je pourrais citer dans ce genre le bel établissement fondé par M. Bazin, à Ménil-Saint-Firmin (Oise). J'aurai occasion de revenir sur cette idée, qui me paraît féconde et nouvelle.

Dans le projet que je propose, le capitaliste forme la caisse de retraite par un abandon soit de 10 p. 0/0 (1) sur la totalité des salaires qu'il a payés annuellement; mais il rétablit ainsi l'équilibre entre le produit fugitif, irrégulier, intermittent du travail des ouvriers et les chances de bénéfices considérables que le capitaliste a en perspective, chances qui ne sont en aucun cas, quoi qu'on dise, balancées par les chances de perte.

On objectera que l'État assure l'avenir par une retenue sur les salaires; mais il donne le travail en tout temps, à heure fixe et déterminée; il ne bénéficie pas, et le produit du travail qu'il salarie retourne même à celui qui a travaillé, puisque employés et citoyens sont solidaires et réciproquement intéressés à la prospérité de la patrie.

La base du projet de caisse de retraite pour les ouvriers des villes et des campagnes consiste donc, d'une part :

Dans l'obligation pour le capitaliste de verser

____

(1) Ce chiffre n'est posé que comme terme d'une démonstration complète. La prise en considération du projet peut l'abaisser ou l'élever par une étude attentive des besoins professionnels et de la situation financière de l'industrie agricole et manufacturière.

aux caisses de l'État, à titre d'abandon, la somme de 10 p. 0/0 par annuité de la somme payée par lui en salaire ;

De l'autre, dans la condition du travailleur d'être muni d'un état de service constatant la durée de son temps de travail, le taux de son salaire, la somme totale reçue par lui dans un temps déterminé.

En relevant la moyenne annuelle des salaires nous avons trouvé qu'un bon ouvrier des grandes villes gagnait environ 1,800 fr., année ordinaire.

Et dans les campagnes, qu'un journalier actif et intelligent gagnait 1,000 fr.

Voici donc, pour ces deux exemples, ce qui en résulte :

Il a été versé 10 p. 100 pendant 30 ans à raison de 1,800 fr. par an au nom de Pierre par J. T. V., etc.	A intérêts composés, ces 1,800 f. deviennent 31,408 f. 90 c. L'intérêt produit est donc de 29,608 f. 90 c. (1).

La rente de ces 29,608 fr. 90 c., servie à 4 p. 100, s'élève à 1,184 fr. 356

Il a été versé 10 p. 100 pendant 30 ans, à raison de 100 francs par an au nom de Paul.	A intérêts composés, ces 1,000 fr. deviennent 17,449 fr. 42 c. L'intérêt est donc de 16,449 fr. 42 c.

(1) Je ne mets 4 p. 100 que parce que je réserve sur le taux de l'intérêt ordinaire 5 p. 100, 1 fr. p. 100 pour frais d'administration et des retenues spécifiées ultérieurement.

La rente de ces 16,449 fr. 42 c., servie à 4 p. 100, s'élève à 657 fr. 976.

Il est incontestable que, dans nos grandes villes, et à Paris, par exemple, certains ouvriers de luxe gagnent annuellement un salaire plus élevé ; que les employés à appointemens fixes sont également plus rétribués ; qu'il en est de même pour certaines contrées de France, comme la Normandie, où les salaires se maintiennent à un taux plus élevé que la moyenne que je viens d'établir. Mais la cherté des vivres, les dépenses extraordinaires en réduisent beaucoup la valeur. Le résultat est renversé dans les pays où le salaire est très-abaissé et où la vie est à très-bon marché. Il y a donc compensation véritable, puisque 600 fr. de rente seraient insuffisans dans certains pays, et que dans d'autres on peut vivre avec moitié de cette somme.

Deux exemples que je viens de soumettre peuvent donc convaincre de l'efficacité d'une méthode simple mais certaine, parce qu'elle sera sous la direction de l'Etat, immuable comme lui, et non soumise aux caprices des individus.

Certainement, la classe qui possède le capital, si elle était assurée de pouvoir créer au travailleur un avenir prospère, sans voir le produit de son intelligence, de son activité, anéanti par les commotions révolutionnaires, viendrait d'elle-même offrir son concours à l'Etat, et tendre une main fraternelle à ces hommes patiens, laborieux, durs à eux-mêmes, qui sont la source de la fortune publique et privée, et qui cependant n'ont aucun espoir d'arriver, eux aussi, à un repos si péniblement mérité. Dans l'exemple précité, qu'est-ce qu'une somme de 5,400 francs pour un ouvrier des villes, de 3,000 francs à ceux des campagnes, pour trente années de bons et d'actifs services? C'est à peine ce que le planteur payait dans nos colonies un esclave vigoureux et intelligent qui ne lui produisait pas en travail ce que le travailleur libre, heureux et assuré peut rapporter dans un laps d'années *sympathiquement* employées.

En effet, le travailleur, dans les conditions où nous le plaçons ainsi, s'intéressera à la production, parce que sa part d'avenir sera relative aux sommes portées en son nom. Il y aura donc avantage pour lui à produire beaucoup, la retraite étant proportionnelle à la production, ce qui équivaudra comparativement à l'employé de l'Etat, à la hiérarchie des emplois, qui est aussi la progression des salaires.

Comme moyen pratique de constater la position du travailleur, il sera muni, dès sa sortie d'apprentissage et à son entrée chez un patron ou entrepreneur, d'un livret ou état de service, qui portera : 1° le temps de son activité ;

Exemple : Pierre a travaillé chez Jacques, du 1er janvier au 20 juillet 184..

Chacune de ces déclarations sera signée par le patron et visée par le maire.

Le même état portera le taux du salaire et la somme totale reçue.

Exemple : Pierre a reçu de Jacques (la journée étant fixée à 00) la somme de... (1).

La durée du travail actif sera fixée selon la condition professionnelle. On sait qu'il y a certaines professions dans lesquelles l'ouvrier s'use plus vite que dans telle autre, notamment dans les travaux de luxe et de goût, qui demandent à la jeunesse sa verve et son imagination ; car je ne veux pas parler de ces professions insalubres qui vouent ceux qui y sont attachées à une mortalité, que la science seule, par ses progrès, prévient, et qui doivent être réglementés par la prévoyance et la sévérité du législateur.

---

(1) S'il travaille à la tâche, il suffira de signaler la totalité du salaire acquis.

Quand donc, par l'addition des mutations de patrons et des sommes gagnées, on aura réalisé le temps fixé par les règlemens professionnels, l'ouvrier convertira son livret en un titre de pension qui sera privilégié par l'Etat sur toute autre dette publique.

Les veuves recevront moitié de la retraite du mari, sans préjudice de la part proportionnelle qui leur est personnelle à titre d'ouvrière, et qui, dans l'état actuel des choses, est toujours inférieur, soit que les soins domestiques diminuent leur gain, ou qu'à tort le salaire des femmes soit notablement inférieur à celui des hommes.

Les enfans recevront une part dans l'autre moitié affectée aux frais de leur entretien, de leur nourriture et à la part d'éducation publique qui leur est donnée jusqu'à un âge déterminé ou à leur sortie d'apprentissage.

Si, par infirmité, accident, ou toute autre cause, l'ouvrier est empêché de poursuivre l'exercice de son métier jusqu'à la fin du temps exigé par la retraite, l'Etat, sur l'avis d'un jury de patrons et d'ouvriers dans les villes où il n'y a pas de conseil de prud'hommes, recevra un traitement de réforme, qui sera toujours proportionnel aux sommes qui auront été versées à son nom.

Ce projet, qui est applicable aux travailleurs des villes et des campagnes et à une classe nombreuse d'employés *lettrés* (1), attachés à tous les grands établissemens d'industrie, présente les avantages suivans pour les patrons ou capitalistes comme pour les travailleurs.

La famille, qu'on a cru si menacée, et qui n'a jamais couru aucun danger réel, parce qu'elle est un besoin irrésistible du cœur humain et une institution primitive et providentielle, recevra une sanction nouvelle. Il est inutile d'insister pour démontrer que le *mariage légal* sera la condition de la succession de possession pour les veuves, les enfans et les orphelins.

D'une part, comme je l'ai dit plus haut, le travailleur aura intérêt à produire beaucoup. J'ajoute qu'il produira bien, parce qu'il a tout à gagner à s'attacher ou plutôt à s'associer *sympathiquement* à son patron.

(1) On oublie trop la classe intelligente des employés particuliers, qui travaillent beaucoup et longtemps, et dont le salaire est insuffisant, parce qu'on méconnaît leur service. Ainsi, ils assurent par leur intelligence, la correspondance, l'ordre dans les finances, etc.

Qu'on s'occupe donc un peu de la misère en habit noir.

De l'autre, le capitaliste ou patron récupérera de son versement obligatoire par la perfection du travail et par l'adhésion à ses intérêts du travailleur (1). Ainsi peut cesser cet antagonisme qui paralyse toute action productive, qui éloigne les mains au lieu de les rapprocher, et qui ment à ce mot sublime de notre République : la FRATERNITÉ.

§ III.

L'Etat qui interviendra , pour la garantie des versemens, en se chargeant, moyennant un cinquième, de la perception, de la répartition et de la distribution, a tout intérêt à favoriser et à développer une pareille institution.

L'Etat y trouve un prêt continuel qui n'est en aucun cas soumis à un remboursement immédiat.

Son budget de l'instruction publique y trouve sa part quant aux enfans mineurs ou orphelins, puisque le droit de succession s'étend aux enfans jusqu'à leur majorité professionnelle.

(1) N'est-il pas d'usage de donner dans certaines maisons de commerce tant pour cent aux employés préposés à la vente, afin d'exciter leur zèle, stimuler leur activité et les intéresser à la prospérité de l'établissement?

L'Etat, par l'assurance que l'ordre public, cette nécessité de toute prospérité, y trouve une garantie incontestable, peut diminuer son formidable budget de police, et rendre à la foule sa liberté d'action en la soulageant de cette irritante armée de sergens de ville et de gendarmes.

§ IV.

L'État prélèvera à la liquidation de la retraite, sur le bénéfice des extinctions, et à chaque paiement par semestre, une somme à déterminer à titre de retenue pour les invalides civils.

Il est, en effet, nécessaire, comme je l'ai déjà démontré plus haut, de réserver la part des infirmes, des malades, des faibles, etc., et de faire en sorte d'arriver à ce moment où chacun, bien qu'à un degré de bien-être forcément inégal, sera néanmoins assuré d'une existence pour sa vieillesse ou pour toute la durée d'une vie affligée par la maladie, l'appauvrissement physique et les infirmités. Il faut que la charité se concentre dans la mansuétude des relations, mais que l'aumône qui avilit et ne soulage pas disparaisse. Il vaut mieux assurer le présent par le travail, l'avenir par l'épargne sociale, que prodiguer quelques écus qui entretiennent la paresse et favorisent souvent les vices.

Pour cela, les hospices de la vieillesse, actuellement existans, seront considérés comme hôtels des invalides civils. Il en sera créé facilement un plus grand nombre par des souscriptions communales dans les plus petites localités. Les hôpitaux seront transformés en infirmeries communes, puisque nul à l'avenir n'y sera admis à titre de charité; ils seront entretenus effectivement d'un côté par les donations qui les constituent déjà en legs, etc. ; de l'autre, par les versemens à titre d'extinction de pensionnaires dont la masse des travailleurs hérite (1), et, enfin, par le travail encore productif des retraités (2), qui, bien que sur des bases plus douces

(1) Ces extinctions sont en moyenne de 1/6 p. 100, soit pour les deux exemples donnés plus haut.

Le 1/6 de ces 1,184 fr. 356 est de 197 fr. 392.

Le 1/6 de ces 657 fr. 976 est de 109 fr. 662.

Réservés pour les hôpitaux, hospices, et au besoin ultérieurement reversés sur les parts individuelles.

(2) C'est ce qui se pratique déjà dans tout asile de la vieillesse. Seulement, l'administration seule profite du travail des vieillards ou des convalescens. Ste-Perrine ou l'hospice des ménages, à Paris, serait un exemple, malgré les imperfections de cette institution.

qu'en pleine activité, pourront encore par cette source de toute fécondité améliorer leur sort présent.

§ V.

Si j'ai fait dans ce projet la part du travailleur en mettant en demeure le capitaliste de s'associer au résultat financier de son industrie par un taux qui ne permet pas à l'ouvrier d'accepter aucune chance de perte, il est juste néanmoins de tenir compte au capitaliste de ces chances désastreuses, de la ruine de sa fortune par une faillite lointaine, par une crise financière, politique ou autre. Je crois donc qu'il est de toute justice que le capitaliste soit porté pour son compte personnel au droit à la retraite s'il a versé à ladite caisse une somme égale au moins à la moyenne du salaire d'un travailleur dans l'industrie qu'il exerce ou qu'il subventionne par l'apport obligé de ses capitaux.

Ce projet satisfait donc d'une part aux idées générales d'association. Il commence, en la régularisant avec modération, la décentralisation du capital accumulé au préjudice du véritable producteur, et néanmoins il garantit les droits respectables du possesseur présent.

Ce projet n'arrête non plus aucune association, car tous travailleurs s'associant pour produire, il établit une réserve sous l'autorité de la loi, et substitue la prévoyance de l'État aux chances d'insuccès que pourraient subir les associés, et à ces fins le gérant de l'association d'une catégorie quelconque de travailleurs devra toujours faire le versement au même titre que le capitaliste isolé.

Il n'exclut pas, et encourage au contraire, toute œuvre d'économie de la part du travailleur, car il est évident que la plus grande part de bien-être appartient à celui qui a su sagement économiser pour le temps où il aura besoin de repos.

En *résumé* :

§ A.

La caisse de retraite des ouvriers des villes et des campagnes se compose :

1° Et *principalement* d'un versement de, soit 10 p. 100 à titre de participation au rapport, sur le salaire, son taux et la durée du travail par le capitaliste entrepreneur sur présentation de ses livres de commerce, contrôlés au besoin par l'état de service des travailleurs ;

2° La caisse se compose de la totalité de l'avoir individuel en cas de mort sans enfant, etc. ;

3° De la moitié de l'avoir en cas de veuve qui a droit à pension ;

4° Des legs volontaires, donations ou autres ;

5° Des héritages par extinction affectés aux hospices, aux retraités avant l'âge, etc.

§ B.

La caisse servira à raison de 5 p. 100 avec retenue de 1 p. 100 à titre de gestion,

Une retraite proportionnée à la durée, au taux du travail, enfin, à la totalité de la somme économisée,

Au travailleur qui justifiera des trois conditions précédentes.

L'étude du projet, par une commission spéciale, lèvera les difficultés d'application ; la bonne foi doit avoir au début une grande part ; mais parce que quelques fraudes pourraient être commises, faut-il renoncer à une œuvre qui assure le calme et l'ordre, et qui satisfait selon les lois d'un progrès sage aux besoins du présent et à ceux de l'avenir. Je ne me suis pas dissimulé les obstacles. D'un côté, l'impatience du besoin, de l'autre, la résistance du possesseur actuel peuvent un instant faire alliance pour arrêter l'entreprise que je soumets.

Comme toute œuvre humaine, elle ne peut nous engager que dans un avenir limité à notre génération, car en droit naturel et absolu nous ne pouvons engager notre descendance et limiter la liberté de ceux qui nous suivront. Je ne veux pas non plus établir que mon projet soit supérieur à tant de généreuses inspirations, que le socialisme (cette révélation des besoins du prolétariat) s'efforce d'étudier et d'établir ; c'est un armistice à cette guerre contre le féodalisme du capital. C'est, comme je l'ai dit plus haut, une question de paix opposée à une question de guerre. Mais lorsque les hostilités s'apaisent, les ennemis devenus simples adversaires sont souvent près de s'entendre et de s'unir. Mon vœu le plus ardent est de payer mon tribut, sous la RÉPUBLIQUE DÉMOCRATIQUE que j'ai appelée de tout mon dévouement, à la RÉFORME SOCIALE, qui est l'impérieuse obligation de notre siècle. Je veux que la force, l'intelligence, et dans le présent bien plus que dans l'avenir, que le capital qui sera encore pour longtemps un levier énergique et fécond, s'unissent pour fonctionner dans la mesure des forces de chacun, selon ses besoins et suivant ses œuvres. Je crois, enfin, qu'on pourra réaliser cette formule que j'ai prise pour épigraphe : « *Il peut bien y avoir toujours des riches, mais il ne doit plus y avoir des pauvres. Ces deux mots ne sont pas fatalement et éternellement accouplés.* »

NOTE.

Je lis avec le plus vif intérêt l'article suivant, inséré dans la Presse du 12 avril. Bien que mon projet soit étranger au mode adopté par l'imprimerie Paul Dupont, et par l'administration de la *Presse*, le lecteur y verra certains points de rencontre qui me serviront à appuyer ma démonstration par des resultats authentiques.

Dimanche 1er avril, les 268 employés et ouvriers de l'imprimerie administrative Paul Dupont étaient réunis en assemblée générale pour recevoir leur dividende d'intérêt dans les bénéfices de la maison.

Les bases de l'association mérirent d'être signalées, car elles réalisent en partie un problême dont la solution est depuis longtemps l'objet des recherches et des vœux des amis sincères de la classe ouvrière. Les travailleurs sont intéressés pour un dixième dans les bénéfices nets de la maison; ils ne courent aucune chance de perte. Ils reçoivent leur salaire suivant leur mérite et l'utilité de leurs services; mais leur droit au partage des bénéfices est le même. L'un ne reçoit pas plus que l'autre dans cette répartition, parce que chacun a contribué dans la mesure de son intelligence et de son zèle à la prospérité de l'entreprise. *Rémunération suivant le travail et la capacité; — partage égal dans les bénéfices.*

Voici ce qu'a produit la participation des travailleurs de la *Presse* aux bénéfices des propriétaires du journal.

Cette participation a produit pour l'année 1848 la somme de 31,505 fr. 18 c. qui ont été distribués entre tous les travailleurs de la *Presse* d'après les bases suivantes, arrêtées dans la délibération du 5 mars 1848 ;

1° Paiement des salaires ;

2° Intérêt du capital, calculé à raison de 5 p. 100.

3° Partage proportionnel de l'excédant entre le *capital-argent* et le *capital-travail.*

Après un mûr examen de la question de savoir sous quelle forme aurait lieu cette sous-répartition ; — paiement immédiat en espèces, achats d'inscriptions de rentes individuelles, ou versemens à la Caisse d'épargne au compte de chacun des travailleurs, le Conseil des intéressés de la *Presse* s'est prononcé en faveur de ce dernier mode, qui est celui que la Compagnie du chemin de fer d'Orléans a adopté.

La considération qui a déterminé surtout le Conseil en faveur du versement à la Caisse d'épargne a été l'espérance que ce versement pourrait devenir le germe d'une idée féconde d'économie et de prévoyance, et resserrer entre les travailleurs de la *Presse* le lien du faisceau.

Organiser l'émulation dans l'épargne, et par l'épargne l'économie. — Telle a été le pensée du Conseil.

L'imprimerie *Paul Dupont* a pris pour formule de son œuvre : « *Rémunération suivant le travail et la capacité ; partage égal dans les bénéfices.* » J'adopte la première partie de cette formule, mais je m'éloigne de la seconde, puisque je place mes chances d'assurance sur un versement fixe prélevé sur le rapport général et non sur les bénéfices. De plus, je veux que dans la pension individuelle, la part du travail et de la capacité soit encore réservée.

La PRESSE a adopté les deux formules suivantes : « *Organiser l'émulation dans l'épargne, et par l'épargne l'économie* ; — ASSOCIATION DU CAPITAL TRAVAIL AU CAPITAL ARGENT. » Ces formules me paraissent excellentes : elles sont la base morale de mon projet. Le moyen pratique seul diffère.

Je dois donc avouer que toutes ces institutions particulières ont en germe toutes les améliorations demandées, qu'elles en réalisent déjà quelques-unes, mais surtout qu'elles démontrent la la nécessité d'une loi nouvelle fixant la formule des institutions de PRÉVOYANCE SOCIALE, en en rendant l'application immuable et forcée.

PARIS. — IMPRIMÉ PAR E. BRIÈRE, RUE SAINTE-ANNE, 55.